The Fables of Æsop
in
Scots Verse

Retold by
Robert Stephen

Illustrated by Helen Wheaton

AULTON PRESS

Text and illustration copyright © 1987 Robert Stephen

First published 1987 by
AULTON PRESS
Ardallie
Peterhead AB42 5BN
Scotland

Reprinted 1987, 2004

British Library Cataloguing-in-Publication Data
Stephen, Robert
The fables of Aesop in Scots verse
I Title. II Aesop. Fables. III Wheaton, Helen.
821'.914   PR6069.T42/

ISBN 0 9512459 0 2

Text design by
The Partnership Publishing Solutions Ltd
www.the-pps.co.uk

Typeset in New Baskerville

Printed and bound by
Bercker Graphischer Betrieb GmbH & Co. Germany

For Elizabeth

Acknowledgements

I should like to thank: David and Helen Wheaton of Rondway Ltd., for their hard work and enthusiasm which were largely responsible for turning an idea into a book; Douglas Smith, my offshore typist; and Elizabeth, my wife, onshore typist and valued adviser, for her support and encouragement.

Foreword

In 1931, the poet William Soutar wrote to the father of the Scottish Literary Renaissance, Hugh MacDiarmid, stating his firmly held belief that "... if the doric is to come back alive, it will come first on a cock-horse". Soutar was a gifted creator of bairn rhymes and J.K. Annand has continued the tradition up to the present day. With the arrival of Robert Stephen's collection of Æsop's Fables in Scots, we welcome another important addition to this essential branch of our literature.

In most parts of Scotland, of course, Scots has no need to "come back alive" – it is simply the everyday language of the people and despite the pressures against it, it is likely to remain so for a wheen year yet. Great poetry should never be shackled by the limitations of the spoken language, but in the case of drawing bairns in an attractive way to poetry in their vernacular, proximity to their own speech is essential. The strength of Robert Stephen's verse is that you hear the human voice of his part of the world in the poetry, and it is a voice that is thoroughly contemporary and genuinely Scots. Often, exponents of Scots can be backward looking, so Stephen's translations into a modern idiom are a refreshing change, and one that makes the universal and timeless message in Aesop's fables all the more relevant and direct.

The Moralitas which concludes all of Aesop's fables then, is not complex and serious – as it is in Robert Henryson's brilliant versions of the fables in Scots from the 15th century – instead we have the down to earth common sense any bairn would agree with. This is from The Astronomer:

Though your mind is set on higher things   *For there's mony hidden dangers*
Than the common race o' man,   *An pitfalls on the wye,*
Keep your eye upon the pathwye   *An ye winna see them comin*
An a lookoot far ye're gaun.   *If your heid's up in the sky.*

The voice is also genuine because the poetry is rooted in the cultural landscape of the North East; when the country moose visits the toun moose, ye could be naewhere else but Aiberdeen. Yet, unlike many, he is not obsessed with reproducing the minutiae of local dialect, that is left, correctly, for reading the poems out loud. His Scots is written in a standard form. It is therefore much more accessible to people from elsewhere in Scotland who have the mither tongue, and because of its uncluttered clarity, to folk from ayont Scotland as well. Possibly the most attractive feature of the fables for adult and wean alike is the irrepressible humour bubbling through the centuries from ancient Greece to modern Buchan. Everyone likes to see Smart Alicks like the hare get their comeuppance at the hands of the tortoise, especially when they remind you of the posing show aff fae doun the road:

The tortoise he was on his marks.
"Oh hurry up," he said.
The hare had on his trainers,
Deein warm ups by the shed.

The Fables are beautifully complemented by Helen Wheaton's charming illustrations – I love the Toon Cooncillor Moosie sitting on the box of Scottish Bluebell matches! All in all a delightful book that sair trauchelled mithers an faithers will hae great recourse til when the cry o' "tell me a story" resoonds aboot the hoose!

Billy Kay
author, *Scots: The Mither Tongue*
Edinburgh, May 1987

To Æsop

Fae wine-dark seas an isles o' Greece
To Scotland's rugged climes,
I've ta'en your tales o' birds an beasts
An tried to mak some rhymes.

An so I've haen to change the tongue
That aa your beasties speak,
For oor animals are Scottish,
Nae bein versed in Greek.

An there's ane or twa inventions
That has happened since your time:
Like alarm clocks an trainers,
But I dinna think ye'd mind

For the morals o' your stories
I hiv kept. An noo it's deen,
I jist hope that ye'll forgie me
For the liberties I've ta'en.

Contents

Dedication 3
Acknowledgements 4
Foreword 5

To Æsop 6

The Dog and the Bone 9

The Boy who cried "Wolf!" .12

The Frog and the Bullock 15

The Traveller and the River .17

The Hare and the Tortoise 18

The Astronomer 25

The Town Mouse and the Country Mouse 28

The Vain Jackdaw 34

The Fox without a Tail 37

The Mouse and the Lion 39

The Miser 42

The Frogs choose a King 44

The Fox and the Grapes 49

The Crofter, his Son and the Donkey 54

The Dog and the Wolf 58

The Bramble, the Bat and the Seagull 61

The Lark and her Young Ones 63

The Goose who laid the Golden Eggs 65

The Old Man and Death 67

The Crow and the Pitcher .69

Who will bell the Cat? .73

The Hound and the Hare .76

The North Wind and the Sun 77

The Fox and the Crow 81

The Oak and the Rushes 84

Æsop at Play 87

Glossary Notes 89
Glossary 90
About the Author 94
Also by Robert Stephen 95

List of Plates

Plate 1   The Hare and the Tortoise . . . .facing page 24

Plate 2   The Astronomer . . . . .facing page 25

Plate 3   The Vain Jackdaw . . . . .facing page 36

Plate 4   The Fox without a Tail . . . . . .facing page 37

Plate 5   The Frogs choose a King . . . . .facing page 48

Plate 6   The Fox and the Grapes . . . . .facing page 49

Plate 7   The Crow and the Pitcher . . . .facing page 72

Plate 8   Who will bell the Cat? . . . . . . .facing page 73

The Dog and the Bone

A dog came trottin owre the brae,
A bone was in his mou:
He was heidin for his kennel
To lie doon an hae a chew.

A meaty bone, a juicy bone:
Naething else was in his heid,
But getting hame as quick's he could
To lie doon an hae a feed.

So he thocht he'd tak a short cut
An loup across the burn;
He kent a narra bittie,
Jist afore the watter turned.

He was comin past a millpond
Far the stream ran deep an cool,
An the willows on the burnside
Kissed the willows in the pool;

An the colours o' the mornin
Were a sheet o' polished glass,
Fin he saw his ain reflection
In the watter as he passed.

"Gweed sakes!" he thocht, "Anither dog!
He's got a bone ana'!
I winner far he got it?
I could fairly manage twa."

He stops an leans oot owre the edge,
Sair tempted wi the sicht:
"A meaty bone, a juicy bone;
It's surely worth a fecht!

"I'm sure that I could manage him,
He disna look that tough;
An maybe he'll jist turn an rin
If I bark loud enough!"

He bared his teeth an gave a bark;
There was a muckle splash,
An the ither dog had vanished
In the ripples o' the wash.

He stood an stared dumfoonert
As the ripples slowly cleared:
The ither dog was there again,
But *his* bone had disappeared!

He stood an gave his lug a scratch:
"It's time I was awa."
An the dog doon in the watter
He scratched his lug ana'.

Oor hero wandered hame again
Wi hingin lugs an tail.
Next time he found a juicy bone
He'd keep it till 'imsel!

So dinna envy ither folk;
Look to your ain affairs.
Ye'll nae enjoy the things ye've got,
If ye'll aye be watchin theirs.

The Boy who cried "Wolf!"

In a valley in the mountains,
In a quaet little toun,
In a hoose ablow the pastures
Lived a gey ill-trickit loun.

For he thocht his sense o' humour
Was a lauch; but ither folk
Had got scunnered wi his nonsense,
An refused to see the joke.

He was working as a shepherd
On the pastures up the brae,
Far he drove the sheep each mornin,
An wid bide up there aa day.

But finivver he got langsome
He would play ane o' his tricks;
An his favourite was a fiddle
That wid land him in a fix.

He wid rush doon to the village
Shoutin: "Wolf amang the sheep!
Whit a terrible mishanter!
They're aa lyin in a heap!

"An he's teerin muckle lumps oot
O' the yowes an lambs ana'!
If we dinna get 'im stoppit
There'll be nae sheep left ava!"

Syne the fairmers o' the village
Wid ging rinnin up the path.
Fin they reached the mountain-pasture
Then the loun wid gie a lauch:

"Silly feels! I'm only jokin:
There was nae wolf here ava;
But ye ocht to see your faces,
Ye can fairly puff an bla'!"

Noo as weel ye micht imagine,
They had scunnered o'his game:
He was on his final warnin
On the day the *real* wolf came.

He cam prowlin throwe the pasture
Far the grass was lang an deep,
And afore the loun had seen 'im
He was in amang the sheep.

"Whit a terrible mishanter!
There's a wolf amang the sheep!
An he's teerin muckle lumps oot!
An they're lyin in a heap!"

An his words returned to haunt 'im
As he turned an ran awa.
An noo he kent hoo Peter felt
Fin he heard the cockerel cra.

So he rushed doon to the village
Shoutin: "Wolf amang the sheep!"
But the villagers aa kent 'im,
An replied, "Awa, ye neep!"

"But this time I really mean it!
Wid ye listen to me? Please!"
But the villagers ignored 'im:
They aa kent that it was lees.

By the time that he'd convinced 'em
Wolf was sittin in his den,
Wi a gimmer for his denner
An twa mair deid in the pen.

If ye're fond o' tellin stories,
There's twa things ye hiv to mind:
That it's sometimes nae sae easy
To ken far to draw the line.

An the second thing to mind is:
"Fit ye sow, ye'll also reap."
But I hope ye've better gumption
Than the lounie wi the sheep.

The Frog and the Bullock

A puckle puddock littlins
Were playin in the park,
Fin a bullock squashed a twathree:
Hadna seen 'em in the dark.

The survivors dived for cover
Ahin steens and under bushes.
Syne they went to find their mither
In the pond amang the rushes.

"Oh mither, there's a monster-beast
Gaun prowlin throwe the grasses.
He's as big as twinty hooses
An the grun shaks fin he passes."

Mither was a pompous puddock,
And it vexed her afa sair
To think there was somebody
Mair pre-eminent than her.

"He couldna been jist *aa* that big,"
Says she, puffin oot her chest.
She huffed an puffed a bittie mair,
"Was he as big as *this*?"

"Oh bigger, mither, bigger far
Than ever you could be.
We've seen some muckle puddocks,
But nane sae big as he."

The pompous puddock puffed an pech'd
Till her skin was ticht an streetcht:
"He couldna been as big as *this*,
Your giant monster-beast?"

"Oh bigger, mither, bigger far
Than onything ye've seen:
His hoofs were near a fit across,
An sax fit in atween."

Her face was like a harvest moon
But she puffed herself oot mair.
She lookit like a bla'n-oot balloon;
Her belly was gey sair.

"Oh bigger, mither, bigger *far*
Than onything ye've seen:
His hoofs were *twathree fit* across,
An *ten fit* in atween."

The mither frog was furious.
She said, "*I'm sure ye're wrang!*"
Then gulped a final breath o' air,
And exploded wi a BANG!

If ye're prone to gross inflations
Like the puddock in the tale,
Better mind your limitations
Or ye'll maybe hurt yoursel.

The Traveller and the River

A traiveller crossed a river
At a gushin little ford,
Far the watter lauched an gurgled;
'Twas the only thing he heard.

Syne he reached a sombre valley
Far the stream ran deep an slow.
Up abeen, a ruined castle;
Silent watters doon ablow.

He said, "This river's jist like men:
Shalla watters mak a din;
But the watter's still an silent
Far the deepest currents rin."

The Hare and the Tortoise

A wizened tortoise ae fine day
Set oot to hae a walk,
Though he never left the hoose
That he cairried on his back.

A hare sits watchin fae his form.
He shouts oot, "Far's the fire?
Ye're in an afa hurry, freen;
Jist watch ye dinna tire

"Yoursel oot, gaun at sic a pace,
An usin aa your pooer.
Ye ken the limit in this place
Is fifty miles an oor!"

"I s'pose ye think," the tortoise says,
"Ye're clever cos ye're fast.
The trouble wi you hares is that
Ye canna mak it *last*.

"Ye hinna got the *stayin power*,
Ye canna stan the *pace*.
I'll tell ye fit I'll dee, my freen:
I'll challenge ye to *race*!

"The morn's mornin; in the park;
Ahin the big neep shed.
I'll meet ye there at ten o' clock.
An be in time!" he said.

"An jist to mak it int'restin,
We'll tak a bet I think:
A fiver for the winner,
An the loser buys the drink."

The hare fell lauchin on the grun:
"Fit? Race wi you, my freen?
Afore ye're halfwye roon the course
I could be in Aiberdeen.

"I couldna tak your siller, chiel;
I'd be a lauchin stock
For racin you. It's jist as weel
That I can see the joke."

The tortoise nearly blew his top:
"A lauchin stock, indeed!
Afore *you're* halfwye roon the course,
I could be in *Peterheid*!"

"A'richt, a'richt," the hare replies,
"The race is on, but wait.
The loser buys the drinks ana';
Better mak it half-past eight.

"Ye'll need three oors to rin the course;
'At's if the goin's fair.
Then I'll see ye in the Huntly Arms;
We'll wyte for ye in there."

The next day dawned; the course laid oot
Ahin the big neep shed.
The cra was sellin tickets
For twenty pence a head.

The animals aa gaithered roon.
Ane says, "It's hardly fair
To race a wizened tortoise
Wi a great big muckle hare."

Anither says, "It's his ain fault;
He shouldna be sae prood.
The hare was only jokin;
Serves 'im richt for bein rude."

The tortoise he was on his marks.
"Oh hurry up," he said.
The hare had on his trainers,
Deein warm-ups by the shed.

The time-keeper was Badger Brock
Sat underneath a tree.
He'd ta'en his auld alarm clock:
"Get on your marks," says he.

"Now mind, it's three times roon the park,
Then back doon the lang side.
An dinna try to cheat, or else
Ye'll be *disqualified.*

"Right. On your marks. Get ready. Go!"
They set aff roon the course:
The tortoise crawlin roon gey slow;
The hare gaun like a horse.

The hare rins roon the circuit thrice.
Says he, "I've nearly won.
I think I'll let 'im catch me up,
An then I'll hae some fun."

An oor gaed by, the tortoise comes
To far the hare lay doon.
"Good mornin, Speedy," says the hare.
"Ye're fairly whizzin roon."

"There's mony a slip twixt cup and lip.
Ye needna sit an boast;
An dinna coont your chickens
Till ye've passed the winnin post."

"Awa, ye gype! Ye've nae a hope
O' takkin the first place.
I winner fit I'm deein here?
It's surely nae a race.

"I'll tell ye fit I'll dee, my freen,
In the interests o' the game;
To show that I'm a sportsman
An worthy o' the name:

"I'll lie doon here an hae a snooze,
Till ye come to the hame strait;
Then Badger Brock can wauken me
An I'll pass ye at the gate."

The day wore on, the hare he slept,
The crowd had aa gaen hame,
As roon the course the tortoise crept
An passed the hare again.

The sun rose higher in the sky;
Aul Brock was snoozin tee
As, for the third an final time,
The tortoise passed the tree.

Then, rinnin hard to mak the post
Afore the hare could wauken,
He must hae touched twa miles an oor!
His pace began to quicken.

As doon the final strait he sped
Wi victory in his grasp,
He heard a great commotion:
Hare had waukened up at last.

The hare came racin doon the track;
He thocht the race was lost.
The tortoise never lookit back;
He was nearly at the post.

But Hare began to catch 'im up;
He was gaun an afa speed
Fin he trippit owre his trainers,
An landed on his heid.

Afore the hare could rise again
The tortoise passed the post;
So slow an steady won the race,
An fast an flashy lost.

The hare was gey crestfallen.
Tortoise swaggered like a star:
"'At's a fiver that ye owe me,
An I'll see ye in the bar."

So if things are gaun against ye,
An ye'd like to pack it in;
Mind the moral o' the story
In the race we aa must rin:

Slow an steady's better progress
Than the fast, erratic pace;
An ye never ken the winner
Till the feenish o' the race.

The Hare and the Tortoise

The Astronomer

The Astronomer

There was an auld astronomer
Fa walked the roads at nicht,
Jist lookin at the planets
An the stars aa shinin bricht.

And a twathree times he'd nearly
Been run doon by passin cars,
Jist walkin on the roads at nicht,
An lookin at the stars.

Fin normal folk were safe at hame
Or drinkin in the bars,
He'd be wanderin doon the highways,
Jist lookin at the stars.

He saw the Mighty Hunter rise
To chase the Pleiades.
He saw the Virgin Huntress
Walk owre the eastern seas.

She spread her silver silken shaal
Across the sleepin laan.
Like fishes' mail, doon in the vale,
The shinin river ran.

He saw the river in the sky
Ten thoosan worlds adorn.
He saw the shootin stars that die
The meenit that they're born.

He saw the Bear prowl roon the Pole,
An the Wingèd Horse spring forth.
He saw the bright Aurora
Light up the empty North.

High in the ramparts o' the dawn
He saw the lovers' planet rise:
A light afore the comin sun,
Bright jewel o' the mornin skies.

Aye, he saw the coontless millions,
The shinin angel-tears.
He heard the heavenly choristers,
The music o' the spheres.

But he never saw the ROAD UP sign
As he took his evenin stroll.
Then he saw stars o' a different kind
As he fell richt doon the hole.

Fin they fished 'im oot next mornin
He looked a sorry sicht:
He was blue wi cauld an shakkin,
For he'd lain there half the nicht.

The astronomer thocht sadly,
As he wandered hame again,
That the laws o' gravitation
Are the same for stars and men.

Though your mind is set on higher things
Than the common race o' man,
Keep your eye upon the pathwye
An a lookoot far ye're gaun.

For there's mony hidden dangers
An pitfalls on the wye,
An ye winna see them comin
If your heid's up in the sky.

The Town Mouse
and the Country Mouse

At a little country station
A moose sneakit aff the train;
She had come to see her cousin
In her little but an ben.

It was owre the back o' Bennachie
Far the cottar hoosie stood,
In a howe doon by the watter,
Ablow the big beech wood.

"Oh dear," she cried. "Is this the place?
It's such a little house.
I don't know how I'll manage;
I'm a cultured city mouse.

"It's miles away from anywhere;
It really is remote.
I would think that in the winter
They must be snowed up a lot."

But she chappit at the door
Jist ahin the rubbish bin,
An her little country cousin
Creepit oot an took 'er in.

Country cousin made 'er welcome
In her simple hamely wye:
There was cheese an mealie puddins,
And an antrin bit o' pie.

But gran' cousin fae the city
Seen got tired o' country fare.
"You must come and stay with me," she said.
"You'll be very welcome there.

"I'm really quite well off, you know.
I hardly like to boast,
But when you come to stay with me
You can dine on steaks and roast.

"And the pantries and the larders
Are just choc-a-bloc with food:
There's chocolate cake and caviar,
And everything that's good."

Country moose was fair excited
At the prospect o' the change,
For she'd never been past Huntly;
This was weel ootside her range.

So they caught the mornin shuttle
At the little country station,
An hid amang the luggage
Till they reached their destination.

Then they crept ahin a barrel
Jist ootside the Station Bar,
For to walk the streets by daylicht
Was too dangerous by far.

Fin the evenin rush was ower
They gaed creepin throwe the toun;
But as they crossed the traffic lichts
They nearly got run doon.

An syne the pair were spotted
By a dog oot for a stroll;
An they only jist escaped 'im
Fin they loupit doon a hole.

It was quarter-past eleven
Fin they reached the city hoose.
"And now you'll see how grand folk live,"
Said the snooty city moose.

So they gaed roon aa the pantries
Stappit full o' dainty fare:
A bit o' this, a bit o' that,
A nibble here an there.

By the time they'd deen the larders
Country moose was gey replete;
But fin they reached the dinin room
Her joy was jist complete.

For on the table there she saw
The leavins o' a meal;
She had never yet imagined
City folk could live sae weel.

There was salmon, there was chickens,
An muckle hams an steaks,
An strawberries an trifles,
An fudge an chocolate cakes.

So they gorged themsels on a'thing
Till they couldna tak nae mair,
Syne they lay doon on the sofa
For their bellies were gey sair.

It was nearly half-past seven
Fin they waukened wi a start,
For they'd baith been sleepin soundly
An they hadna heard the cat.

They gaed loupin aff the sofa,
Then they dashed across the fleer;
But Cat began to catch 'em up
So they dived aneth a cheir.

As they crouched ablow the cheir
Wi their backs against the wa,
They discovered to their horror
There was nae escape ava.

Fin they heard the wifie comin
They were paralysed wi fear;
But she took the cat an threw 'im oot:
"Ye shouldna be in here!"

"Oh me!" the country moose exclaimed,
"I thocht my end had come.
I thocht we'd aa be etten.
This may be a'richt for some,

"But I'm gaun back to the country,
To my little cottar hoose.
Ye can keep your city livin:
I'm a simple country moose."

City life has mony pleasures
An that canna be gainsaid;
But there's maybe ither treasures
Country folk prefer instead:

Like the colours o' the mornin,
An the birdies on the wing,
An the blossom on the rodden,
An the bonny flooers in Spring;

Like the cryin o' the wild geese,
An the singin o' the burn,
An the bonny autumn colours
Fin the leaves begin to turn;

Like the glory o' the sunset
Fin it's fadin in the West,
An the beauty o' the starlight
Fin the sun has gaen to rest.

The Vain Jackdaw

A vain, conceited jackdaw
Eence bade up amang the lums.
But he thocht he was too clever
To bide wi his jackdaw chums.

Ae day fin he was sittin
On the riggin o' the reef,
He saw a peacock struttin
On the terrace underneath.

Plumage gleamin in the sunlight
Like a coat o' shinin mail,
While a thoosan glowin colours
Changed an shimmered in his tail.

A splendid bird, a regal bird,
A bird o' high degree.
Says the jackdaw on the riggin,
"That is fit I'd like to be.

"I'll flee doon an get some feathers
Fae the terrace far they fell,
Syne I'll stick 'em aa thegither,
An I'll *mak* a peacock's tail."

Fin the sun came up next mornin
It shone on a sorry sicht:
A jackdaw wi a peacock's tail!
(It had ta'en 'im half the nicht)

He addressed the ither jackdaws:
"You're nae gran' enough for me;
A splendid bird, a regal bird,
A bird o' high degree.

"So I'll jine the ither peacocks
On the terrace doon below;
There's a cairrage comin up the drive,
We must pit on a show."

Then he flew doon to the terrace
Far the peacocks aa displayed,
An he swaggered an paraded
In his splendid masquerade.

But the peacocks werna hoodwinked
Wi the jackdaw in his pride.
"There's a jack with peacock feathers!
What impertinence!" they cried.

They descended on the jackdaw
An went for 'im tooth an nail.
By the time that they had feenished
He'd lost mair than jist his tail.

A peer bedraggled jackdaw
Flapped an fluttered to the lums.
"I've decided to come back," says he,
"To bide wi my jackdaw chums."

But the jackdaws widna hear o' 't:
"Na! Ye canna bide here noo.
A splendid bird, a regal bird:
We're nae gran' enough for you!

"Ye can jine your peacock colleagues
On the terrace once again.
Or, if that plan disna suit ye,
Ye can ging an be a *hen*!"

Peer Jack reflected till 'imsel
As he flew awa in tatters:
Ye dinna need a peacock's tail,
It's fit ye ARE that matters.

The Vain Jackdaw

The Fox without a Tail

The Fox without a Tail

A fox was eence ta'en in a trap,
But he managed to get free
By bitin aff his bushy tail;
There was naething else to dee.

At the time he never minded,
But fin the stump began to heal
He did his best to hide it,
For he thocht it lookit feel.

He says, "I canna live this wye:
A fox withoot a tail."
Then he had an inspiration;
He was sure it couldna fail.

So he called the ither foxes
Till a meetin in the wid.
Fin he saw their lang an bushy tails
He kept his stump weel hid.

But he cleared his throat an started:
"I'm gled that ye could mak it.
I've got some gweed advice for ye;
 I only hope ye tak it.

"I s'pose ye've aa been winnerin
Hoo I dee withoot my tail.
To tell the truth, my noble freens,
I'm deein afa well.

"It disna stick on brambles,
An it disna freeze wi sna;
I can rin much faster noo
For it's jist nae weicht ava.

"I never hiv to clean it,
For it never gets aa muck
Fin I'm sneakin throwe the fairmyard
To steal a hen or duck.

"Yes, it really is amazin
Whit a difference it can mak,
Withoot a great big bushy tail
Gaun curlin owre your back.

"If ye want some gweed advice
Then jist try it for yoursels.
It could really change your lives
If ye'll aa cut aff your tails."

An aul grey fox stood up an lauched:
"So we widna miss a tail?
I doot ye widna tell us this
If ye still had ane yoursel."

If ither folk hiv something
That ye ken ye canna get,
Dinna say that ye despise it
Jist because ye canna hae 't.

The Mouse and the Lion

Ae day intil a lion's den
A little moose came creepin.
He didna mind the lion
For he thocht that it was sleepin.

But Lion woke an caught the moose.
"I've got ye noo!" cries he.
"Ye'll mak a tasty little snack
Afore I get my tea.

"I'm sorry Sir," the moosie squeaked,
"For spilin your lang lie.
Oh please Sir, dinna aet me;
I'm nae tasty onywye.

"Oh please Sir, please Sir, let me go.
If ye'll only set me free,
Some day I'll come an pey ye back
In return for helpin me."

The lion roared wi lauchter,
"Ye'll pey me back indeed!
Get oot o' here, ye cheeky moose,
Afore I bite your heid."

The moosie thanked his stars an fled
Oot o' the lion's den.
The lion gave a chuckle,
An fell asleep again.

Ae nicht the muckle lion
Got tangled in a trap:
He hadna seen the hunters' net
Laid oot along the track.

The mighty lion trappit,
Like a mappie in a net!
He gave a fearsome roar o' rage;
He wasna feenished yet!

He warsled an he struggled,
But the mair he chauved an fought,
The tichter grew the meshes:
He was well an truly caught.

Peer Lion started greetin,
For he thocht that he wid dee.
Then he heard a moosie squeakin:
"It's a'richt Sir. It's me!

"Oh please Sir, dinna struggle.
Dinna fash yoursel or fret.
Jist lie there Sir, as still's ye can,
An I'll nibble through the net."

In anither twathree oors
Moose had got the lion oot,
Fa said, through tears o' gratitude,
"Ye've saved my life, ye brute.

"I never wid hae thocht it:
A scabby little moose!
I'd like to drink your health, freen,
If ye'll jine me at my hoose."

Gweed gear can be sma boukit,*
As the lion realized.
An ye canna judge a moosie,
Nor a mannie, by the size.

* *"Gweed gear's sma boukit"* – literally "Good material is of
small bulk" – applied to a small but capable person.

The Miser

A miser selt his worldly goods
An bocht a lump o' gold,
As a hedge against inflation,
Syne he hid it doon a hole.

His claes were peer, his little hut
Was damp, an green wi mould;
But it cheered him up to think aboot
His hidden lump o'gold.

Each day he'd ging an dig it up
Jist to see it in the hole;
But the verra thocht o' sellin it
Was mair than he could thole.

Ae day he went to dig it up
But found it wasna there.
He cried aloud in anguish
An began to teer his hair.

A passer-by speired, "Fit's adee?
I thocht ye'd seen a ghost;
Your face is fite; ye're shakkin.
Is it something that ye've lost?"

"I had a muckle lump o' gold;
I kept it doon this hole;
I came each day an dug it up;
But noo my gold's been stole!"

Fin the mannie heard the story
He could hardly hide a smile;
But he says, "I've got a notion
That ye'll maybe think's worthwhile.

"Jist tak this muckle steen here
An beerie't in the hole;
Then come each day an jist mak on
That it's your lump o' gold.

"For aa the gweed ye've haen o' 't
A steen wid dee as weel.
An ae thing's sure: it's safe enough,
For naebody's gaun to steal't."

Tak your wealth an use it wisely,
Dinna keep it in the grun.
Summer winna laist forever:
Spend your gold an hae some fun.

The Frogs choose a King

Prologue

At the time o' the Creation
Fin God made the puddock race,
A prood an mighty nation
To bide in the marshy place,

He speired fit form o' government
Wid satisfy their needs,
But they dived aneth the watter
An hid amang the reeds.

"Ah weel," says He. "They're ower prood;
I'm sure I dinna care."
An for twathree million 'ear or so
He never heard nae mair.

In a pond amang the rashes,
At the back o' Lenabo,
Lived a puckle muckle puddocks;
It was mony years ago.

They wid aften sit an grummle;
They had naething else to dee,
For they had nae constitution,
Livin prood an livin free.

But they tired o' aa this freedom,
So they asked God in their prayers
To send doon a king to rule them,
An to govern their affairs.

Noo God mined aboot the puddocks
An the proodness o' their herts,
So He flung a muckle log doon:
It wid be their just deserts.

They aa scattered in a meenit
Fin the muckle log came doon;
Then they hid amang the rashes,
Feart to move or mak a soun.

They lay hidden for a fortnicht,
Terrified o' their new king;
Then a maist courageous puddock
Creepit oot to see the thing.

"He's a gey enormous chiel,
An he's biggit like a tree.
I canna see 'im movin;
He micht be deid," says he.

The brave puddock creepit closer
An he gave the king a kick;
But it never moved an eyelid,
So he climmed up on it's back.

Then the puddock population
Aa climmed up aboord the king,
Far they sang "O Flower o' Scotland",
An some did the Hielan Fling.

Syne they had a pairty on 'im
Far the wine an whisky poored;
An the little puddock bairns
Used 'im for a divin boord.

In aboot anither fortnicht
They had scunnered o' their fun,
So they called a cooncil meetin
To decide fit must be done.

They said, "This ane's nae eese ava:
He disna dee a thing.
We'll hae to pray to God again
To send doon anither King.

"We want ane that's mair forceful,
A king we can respect:
For this ane lets us clim on him;
That's surely nae correct."

Fin He listened to their prayers
God wasna afa pleased.
"So they want a king that's forceful.
Gweed life!" says He. "Fit neist?"

So He sent a muckle heron
To rule owre the puddock nation.
He ruled wi a rod o' iron,
And ate half the population.

Syne he raised the income taxes
To ninety-five percent!
Hoo the puddocks aa lamented
That this king was ever sent.

So they prayed again to Heaven
In their grief an desperation:
"O hae mercy on us, Father,
Liberate the Puddock Nation.

"Fae this grim an bloody tyrant
O deliver Thy peer saints.
If Ye'll gie us back wir log again,
There'll be nae mair complaints."

God was tempted sair to lauchter
Fin He heard their lamentation.
"So they've changed their minds again," says
He,
"The mighty puddock nation!

"Some folk are never satisfied,
Hooiwer much Ye dee.
I'm fair scunnert wi their croakin;
They'll get nae mair help fae Me!"

An that's fit wye the puddocks
Are a sma an humble nation:
For God sent the muckle heron
To control the population.

Monarchy or anarchy,
Weak government or strong;
The mob are never satisfied,
For there's ayeways something wrong.

The Frogs choose a King

The Fox and the Grapes

The Fox and the Grapes

It was in the Bordeaux region
In the year o' sixty-nine,
In the bonny month o' August
Jist afore the harvest-time.

An the vines upon the hillside
Were bent doon aneth their load,
Fin a gangrel fox fae Buchan
Came strollin doon the road.

He was on his summer holidays
In the valley o' the Loire,
To complete his education
And improve his savoir-faire.

He had heard the Bordeaux region
Was maist famous for its grapes,
So he'd come across fae Dover;
But he'd haen some afa scrapes.

He had sneaked aboord the ferry
As it lay at Dover pier,
But the crossin made 'im seasick
For he'd drunken too much beer.

Then he got an afa hidin
Fae a dog at Calais docks;
An was spotted by some bairns
Fa had pelted him wi rocks.

Syne, as he sneaked throwe Paris,
Jist aside the Eiffel tower,
A juggernaut came roarin by
An nearly ran 'im ower.

But noo he saw the bonny grapes
Were clustered pile on pile,
An his mou began to watter:
This would mak it aa worthwhile.

He thocht, "It's afa quaet here.
Far's aa the folk I winner?
But the folk that worked the vineyards
Had gaen hame to get their denner.

So he sneakit throwe the pailin,
An he sat aneth a vine
To appraise the situation:
Ae big bunch wid dee 'im fine.

"Thae grapes look unco gweed," he thocht.
"I bet they're really sweet.
Oh I canna wyte to try them;
This'll be a proper treat.

But his troubles werna ower
He began to realize,
for the lowest o' the clusters
Was some five or six feet high.

First he jumpit an he loupit,
But he wasna even close.
Then he tried to clim the branches,
But he fell an skint 'is nose.

In his anger an frustration
He devised a masterplan
That wid solve the situation
Afore things got oot o' han.

For he'd seen a muckle barrel
Lyin owre aside the fence:
He could use it as a ladder;
It was only common sense.

He was puffin like a puddock
But he got it owre at length,
Then sat doon to get his win back
For he'd used up aa his strength.

Syne he balanced on the barrel;
He was perched on his hin legs,
Fin there came a muckle clatter
An he landed in the dregs!

The keg gaed rollin doon the brae
Wi peer aul Fox inside.
By the time he reached the boddam
He'd hurt mair than jist his pride.

Fin he crawled oot o' the barrel
He was battered, bruised an sair.
"They can keep their scabby grapes!" he cried,
"I'm sure I dinna care!

"I didna want 'em onywye;
They're probably aa *soor*!
'At's the last time that I'm comin
On a continental tour.

"Wi muckle dogs an juggernauts,
An bairns flingin steens ;
An noo I've rummled doon the brae :
I micht hae broken beens!

"Next 'ear I'll spend my holidays
Wi my grannie at Tarlair;
Ye dinna get the wither,
But it's quaet ower there."

If ye've set your hert on something
That's awa abeen your reach,
Jist consider if it's worth it
Afore ye chauve an streetch.

For the price o' fame an fortune
May be mair than ye can pey;
An the grapes are maybe soor
Fin ye reach them onywye.

The Crofter,
his Son and the Donkey

A crofter an his loun set oot
For the market ae fine day.
They were gaun to sell their donkey
For he'd etten aa their hay.

"The market toun's sax mile awa;
If we let 'im walk 'imsel,
Then he'll still be hale an herty
Fin we get 'im to the sale."

The loun agreed wi faither
So they set aff doon the road,
Wi the donkey steppin freely
Withoot rider, pack or load.

Then they came across some lassies
Fa began to smirk an lauch.
Says ae lassie till anither,
"I think they must be daft:

"For that muckle strappin donkey
Walks along withoot a pack,
Fin the mannie or the lounie
Could be sittin on its back."

So the crofter pits his son up:
"Jist ye sit on here, my loun.
Ye can rest your legs a bittie
Till we reach the market toun."

They had gaen anither mile or twa
Wi the loun upon the ass,
Fin they passed twa bent aul mannies
Playin bools upon the grass.

"Jist nae respect for parents;
That's the young folk nooadays.
The *lounie* should be walkin,"
Ane o' the greybeards says.

So the crofter an the lounie
Swappit owre, and on they went;
Till they met a twathree wifies
Wi a diff'rent argument.

"Ye ocht to be ashamed," they said,
"For sittin on that thing:
A great big strappin chiel like you,
Fin your lounie rins ahin.

"The craitur's nearly puggled;
He can hardly keep it up.
We'll tell the N.S.P.C.C.
If ye dinna lift 'im up."

So the crofter lifts the lounie
On the donkey's back ana';
They wid seen be at the market,
For it wasna far awa.

But a stranger overtook them
As the donkey struggled on:
It was trauchled wi the burden
O' the crofter an his son.

"If you don't get down this instant,"
They baith heard the stranger say,
"I'll report you in a letter
To the R.S.P.C.A.

"You really ought to be ashamed:
The donkey isn't fit
To carry two big men like you.
You ought to carry *it*!"

By this time the weary crofter
Had haen mair than he could thole,
So he tied the donkey's feet up,
An they strung 'im on a pole.

Then the crofter an the lounie
Played an unaccustomed role:
They were trauchled wi the burden
O' the donkey on the pole.

They were pechin sair an chauvin
Fin they had to cross a linn,
On a little shakkin briggie
That was swayin in the win.

But the lounie tripped an stummled
An had to let it go,
As pole an donkey tummled
To the torrent far below.

An the moral, plain an simple,
O' this cautionary tale
Is: *ye canna please a'body,*
So it's best to please yoursel.

The Dog and the Wolf

A gangrel wolf was on the road
Bemoanin o' his fate:
His belly teem; for twathree days
He hadna tasted maet.

His ribs were stickin oot; his coat
Was mangy, peer an bare;
When up there comes a well-bred hound,
Sae bonny, sleek an fair.

"Good day, my scabby friend," says he.
(His tone was rather posh)
"I see you're having quite a job
To make ends meet, by gosh."

"Aye, weel," the gangrel wolf replies,
"I hiv seen better days.
But noo I'm getting auler;
Ye ken fit like," he says.

"But tell me, freen, aboot yoursel:
A bonny lookin-dog.
It's obvious you're deein well.
Pray tell me, fit's your job?"

"To keep my master's house from thieves
Is all I have to do.
And, as you see, I'm quite well fed:
My board and lodging too.

"My friend," says he, "I have a plan.
I'll try, if you'll agree,
To find a *proper* job for you;
A guard dog just like me.

"And soon you'll be as sleek and fat
As ever you could be.
A cosy kennel, think of that;
And muffins for your tea."

At this the wolf pricks up his lugs.
"Ye ken, I'm tempted sair,
For winter nichts are comin in,
An my coat's gey threidbare."

The twa strike up the bargain there,
An doon the road they trot.
"Oh, by the way," began the dog,
"There's something I forgot

"To mention. Nothing much at all;
A trifle, as you'll see.
But every night, as darkness falls,
They chain me to a tree

"Outside my master's gate. Of course
The kennel is to hand
In case it rains. I'm comfy there;
It's really rather grand."

The wolf's face fell, *"A chain! A tree!*
Ootside your maister's gate!
A gweed job I discovered this
Afore it's ower late.

There's mony a nicht I'm weet an caul,
An hunger's jist a scunner;
But I ken better things than sell
My freedom for a denner.

"I'll leave ye, freen, an wish ye well.
Maybe we'll meet again.
Nae deference to your genteel sel,
But freedom's aa 't I ken."

The wolf gaed whistlin up the brae;
His gran' freen looked forlorn.
A sadder and a wiser dog,
He rose the morrow morn.

The Bramble,
the Bat and the Seagull

A bramble, bat an seagull
Thocht they'd like to ging to sea,
But afore they got afloat
They had diff'rent jobs to dee.

The bat he bocht a bonny boat
Wi the money that he'd raised;
The seagull she took siller;
An the bramble she took claes.

They had hardly left the hairbour
Fin a muckle storm came doon.
Syne the boatie cowped an sank,
An they thocht that they wid droon.

But they swam for twathree oors.
Fin at last they climmed ashore,
They'd lost a'thing wi the boatie
Except the claes they wore.

An that's fit wye the seagull
Aye gaes swoopin owre the wave,
Still lookin for the siller
That she hadna time to save.

An that's fit wye the bramble
Tries to capture aa your claes,
For she minds the kist o' gweed anes
That she lost aneth the waves.

An the bat? Ye'll never see 'im
Comin oot till aifter dark,
In case he meets the banker,
For he hasna peyed 'im back.

Though the world is full o' setbacks
An there's plenty toil an strife,
If ye've haen one bad experience,
Dinna let it change your life.

The Lark and her Young Ones

A lark had raised her littlins
In a park amang the corn;
She wid leave them lyin hidden
Like a doe deer wi her fawn.

But afore she left each mornin,
She wid turn aroon an say:
"Now mind, get ony news ye can
Fin I'm awa the day."

Ae day fin she was far awa
An foragin for maet,
The fairmer an his grieve came by
An leaned across the gate.

"The wither's lookin fine an dry,
An sae's the bonny corn;
Ye'd better get the binder oot
An tak it in the morn."

Fin the lark came hame they telt 'er
The arrangements that were made.
"Na, na, my bairns. Bide far ye're at.
Ye're a'richt here," she said.

Next day the fairmer came again
Wi his neighbours to the corn.
"If ye'll aa gie's a han," says he,
"We'll get it in the morn."

The bairns were fair excited
Fin they telt the mither lark.
"Na, na," says she. "Ye're a'richt yet.
Jist bide here in the park."

Next day the fairmer an his louns
Came by the park again.
"We'll come *oorsels* the morn," says he.
"It's time the hairst was in."

Fin the littlins telt their mither
O' the plan that was approved
To begin the hairst next day, she says,
"It's time that we was moved.

"For I dinna fear the neighbours,
An the grieve's nae aa that keen:
But if he's comin roon himsel,
I'm sure it *will* be deen."

If ye hiv important business
An ye're seekin it deen well;
Then, either see the deein o' 't,
Or dee the job yoursel.

The Goose who laid the Golden Eggs

A crofter bocht a goose ae day
Fae a tinkie fa said, "Sir,
This goose'll aye be good to you,
If ye'll aye be good to her."

The crofter left 'er in the barn
That nicht to feed an preen;
But fin he came doon next mornin
He could scarce believe his een.

He shouted for his wife to come:
"Quick! come an see this, Meg.
Yon goose I brocht hame yesterday
Has laid a golden egg."

The crofter's wife was overjoyed:
"We'll tak 'er in the hoose.
That's far too valuable a bird
To rin aboot here loose."

So they pit 'er in the kitchen
Wi a bed o' sweetest hay,
An plenty maet an watter,
An she laid an egg each day.

They began to spend their new-found wealth
On cars an fancy claes;
On trips to Greece, an drinkin sprees,
An Spanish holidays.

The wifie spent the golden eggs
As quick as Goose could lay them;
An the bills were comin faster
Than the golden eggs to pay them.

"Look here," says she. "We'll get rich quick.
It's obvious to me
The goose is full o' golden eggs;
So kill 'er an we'll see.

"An then we'll pey aff aa wir bills,
An ging on a world cruise.
We'll hae gold to laist us aa wir days;
We'll hae mair than we can use."

The crofter wasna afa keen,
For he mined the tinkie's word.
But the bills were needin peyin,
So he went an killed the bird.

But he never found a golden egg.
"I've deen it noo," he says.
"The pairty's owre. An noo it's back
To caul porridge and aul claes."

If ye're comfy far ye're sittin,
Jist be pleased wi fit ye've got.
Dinna try an be owre greedy,
Or ye'll maybe loss the lot.

The Old Man and Death

A peer man, trauchled, auld an grey,
Came chauvin up the road.
His step was slow, his heid was doon,
His frame bent wi the load.

The sticks he cairried on his back
Was for the market-place.
He topped the brae an threw them aff;
The sweat stood on his face.

"For three score 'ear an ten I've chauved
Gey sair to mak a livin;
I sometimes winner if I'd be
Far better aff in heaven.

"It's sax 'ear noo since Kirsty deet:
My bonny, lovin wife.
I aften mind the happy times;
The things we shared in life.

"But noo the road's gey lonely:
It's nae the same yoursel.
Aye, it's aa we ken o' heaven,
And aa we need o' hell."

The tears went rinnin doon his face;
He prayed for Death to come.
"I wish that I was deid," he said,
"An beeriet in the grun."

"You called?" a chillin voice replied.
It froze his hert wi fear.
The Reaper Grim, wi deadly scythe,
Stood close aside him here.

"Oh! Aye!" says he. "It's jist this load;
It's time to start again.
So gies a han to lift it up;
It's getting late, ye ken."

Wi jaunty step, an heid held high,
He set aff doon the path.
The sun was shinin in the sky;
He gave a herty lauch.

The load seemed lichter on his back;
The sun shone brichter tee;
The birdies sang along the track;
The aul man sang for glee.

Glee for anither bonny day;
For bonny clouds that curled;
For sun abeen an flooers ablow;
For aa the bonny world.

The Crow and the Pitcher

A cra flew owre the barren land
Far aa was dry an bare:
For twa lang 'ear nae drap o' rain
Had touched the parched grun there.

The rivers dried, the cattle died,
The earth cracked underfoot;
The aul folk sighed; the bairns grew thin,
Their ribs were stickin oot.

He was fleein to the mountains
To see his mither's folk:
He'd heard the grass was green owre there,
So he thocht he'd tak a look.

For twa lang days spent on the wing
He hadna broken fast;
But noo his flight grew weaker;
He kent he couldna last.

Withoot a drink o' watter seen,
Though the mountains werna far,
He kent he'd never reach them;
An then he saw a jar.

A pitcher! Lyin at a well!
He hardly dared to think;
But he fluttered doon aside it:
"Please, God, let there be a drink!"

He hoppit owre aside the jar;
He hardly dared to hope.
He kent this was his final chance:
"O please, God, jist a drop!"

He reached the jar an keekit in:
O there was watter here!
O beautiful, sweet watter!
Sae caller, fresh an clear!

But fin he tried to dip his neb,
Hooivver much he streetcht,
The watter lyin in the jar
Was too far doon to reach.

Syne he thocht, "I'll try an cowp it."
So he jumpit on the jar
To try an get the watter
That was near, but oh so far!

He jumpit an he flappit
Till his strength was nearly done,
But he couldna budge the pitcher
Which bade rooted to the grun.

An then he fell to greetin sair
For the rain that came owre late;
For the hardness o' the world;
An the harshness o' his fate.

"O woe is me! I am undone!
That this could ever be.
I canna see nae ither thing
Than jist lie doon an dee."

But then he had a brainwave
That scattered his despair:
"Gin I could get some chuckies
An pit 'em in the jar,

"By Archimedes' principle,
Fin aa the chuckies sink
The watter will come up again,
An then I'll get a drink.

"O brilliant cra! O clever cra !
O cra, ye're naebody's fool!
I kent some day that I'd be gled
O' science at the school."

So he started cairtin chuckies
To the jar, an drapt them in.
An seen the cra had drunk his fill
An was on his wye again.

That same nicht he reached the mountains,
An was welcomed by his freens
Wi a banquet in his honour,
In the land o' rinnin streams.

If ye're ever in a pickle
An ye're totterin on the brink,
Jist ye mind on Archimedes
An the cra that got a drink.

The Crow and the Pitcher

Who will bell the Cat?

Who will bell the Cat?

There was a verra sleekit cat
Lived in a country hoose,
Far she feared the livin daylichts
Oot o' every livin moose.

Fin they crept into the kitchen
She wid hide aneth the stairs,
Then loup oot fae her hidie-hole
An tak them unawares.

An they never heard 'er comin,
For the lichtness o' her pass
Was as silent as the silken soun
O' summer rain on grass.

Noo the mice were getting scunnert
O' this bloody decimation;
They'd haen mair than they could thole
O' her carnage an predation.

So they called a cooncil meetin,
To select a committee
O' the learnèd an sagacious
Fa wid ken jist fit to dee.

"I think we ocht to shot 'er."
Said a young an glaikit moose.
But they didna hae a rifle,
So that method was nae use.

"There's mair than jist ae wye," ane says,
"To skin a cat, ye ken.
We could droon 'er in the laavy,
But fa wid pull the chain?"

"Na, na!" a wifie moose spiks up,
"That method o' dispatch
Is inhumane; ye'll be ta'en up
For cruelty to cats!"

The chairman o' the boord stans up:
A grey and ancient moose.
"I ken the verra thing," says he.
"We'll hing a bell on puss.

"An then we'll ken she's comin
By the ringin o' the bell:
A simple, safe solution;
I'm sure it canna fail."

The mice greeted his suggestion
Wi a burst o' loud applause,
Syne they shook his paw an telt 'im
Whit a clever moose he was.

They aa thocht that his invention
 Wid dee the job richt well;
Until an awkward moose enquired,
"But *fa* will *hing* the bell?"

For the lack o' volunteeirs
The plan had to be curtailed;
An the chairmoose was demoted,
For his masterplan had failed.

Noo there's folk that's gweed at spikkin,
Like the chairman o' the mice;
Giein clever dissertations
An reams o' gweed advice.

But withoot a course o' action
Their fine plans are doomed to fail,
As the moosies aa discovered
Wi the hingin o' the bell.

The Hound and the Hare

A hare gaed rinnin throwe a park
Wi a greyhound close ahin.
The hare was auld an tardy:
But the dog ran like the win.

Fin the hound had nearly ta'en 'er
Puss changed into second gear,
An gaed boundin up the hillside
Like a nimble-footed deer.

The dog was left a mile ahin
So he turned an made for hame,
Fin he met a wife oot walkin,
A buxom country dame.

She said, "A muckle hound like you,
Ye ocht to be ashamed:
Bein beaten by a peer aul hare.
Ye must be gettin lame."

"Ye forget why we were rinnin,"
Said the greyhound to the wife.
"I was rinnin for my denner:
She was rinnin for 'er life."

The North Wind and the Sun

The North Win an the Sun fell oot:
They argied lang an sair,
As to fa should claim the title
O' the strongest o' the pair.

The North Win says, "It's obvious,
Fae the damage that I dee
Fin I bring the winter tempests,
That the strongest ane is me.

"I flatten crops an uproot trees;
I bring doon hail an sleet;
Then, fin they're nearly safe in port,
I decimate the fleet.

"Aye, there's mony a fisher lassie
That lives in fear o' me,
Fin I gar the verra riggin shak
An steer the wintry sea.

"Wi chillin blasts o' winter caul
I kill the auld an weak:
The birdies in the hedgerows;
The peer folk in the street."

Fin Sun replied, his kindly voice
Was pleasant, saft an warm.
He said, "I try to show my strength
By deein good, nae harm.

"I warm the frozen earth again;
I coax the blossoms oot;
I paint the bonny greens o' Spring
On every twig an shoot.

"I swell the juicy brambles
An the aipples on the tree;
I ripe the golden barleycorn
To mak the barley bree.

"I shine doon on the shepherd
An his flocks upon the lea;
I shine doon on the fishers
As they haul their nets at sea.

"I warm the little bairnies
Playin barfit on the grass;
I warm the aul folk sittin
Reminiscin on the past."

The North Win huffed an puffed a file,
An said, "I'm nae impressed.
We'll hae a competition,
An then we'll see fa's best.

"Ye see that mannie on the road?
I'll bet ye canna mak
Him tak his coat aff. But I'll bla'
The sark richt aff his back."

The North Win blew, the stormclouds flew,
Syne came the sleet an hail.
The traiveller pull'd his collar up
Secure against the gale.

The sky grew black, the branches cracked,
As louder blew the storm;
But the traiveller snuggled tichter
In his coat to keep 'im warm.

The hail gaed aff, the win deet doon,
The sun came oot at last.
The air grew warm, the birdies sang:
The storm was owre an past.

The man looked up an shook his heid,
Nae kennin fit to say.
"I winner fit to mak o' 't?
It's changeable the day.

"I thocht that I'd be frozen stiff
Wi aa that hail an sleet;
Now I'd better tak my coat aff
Afore I'm killed wi heat."

The air was calm, the sun shone bricht:
The North Win in his pride
Had ta'en his cauld an hail an sleet,
An crept awa to hide.

A soor, wintry disposition
Jist provokes folk to resist:
But a bittie warmth an kindness
Will dee mair to win their trust.

The Fox and the Crow

A cra had pinched a lump o' cheese
Fae the table in the kitchen:
He has wyted till the fairmer's wife
Was hingin oot her washin.

His prize secure, awa he flew
An perched high on a pole;
Fin Fox came saunterin doon the road,
Oot for his mornin stroll.

He spies the cra: "Aha!" says he,
"That cheese looks unco gweed."
(He'd haen naething for his breakfast
But a bit o' mouldy breid)

Noo the trick, as he conceived it
In his predatory role,
Was to get the cra to drap the cheese,
For he couldna clim the pole.

Though the fox was unco crafty,
He's a wily bird the cra;
An it widna be that easy
To get at the cheese ava.

Then Fox hit upon a notion
That wid realize his goal:
He'd strike up a conversation
Wi the cra upon the pole.

An fin the cra began to spik
The cheese wid tummle oot;
Then Cra wid get a setback,
An Fox wid get the loot.

"Good mornin, Mr Cra," says he,
Wi a crafty kind o' smile.
"I jist winnert hoo ye're keepin;
Hinna seen ye for a file."

"Ang keekin fing," the cra replies.
(His voice was kind 'o low)
The fox was disappinted,
But he never let it show.

He kept up the conversation,
But the cra conversed with ease;
Then Fox had an inspiration
To secure the lump o' cheese.

"My freen," says he, "I've heard it said
Ye're afa good at singin.
I've heard ye've got the kind o' voice
Wid set the valleys ringin.

"I've heard it said ye're jist as good
As ony nightingale.
I'd really like to get the chance
To hear ye for mysel."

Cra ruffled oot his feathers
An strutted on the pole,
Like a proper prima donna
In an operatic role.

He streetcht his throat and gave a "Caa".
The cheese fell to the grun.
Fox snapped it up an ran awa;
The game was owre, he'd won.

Dinna be ta'en in by flatterers,
Nor listen to their lees;
Or ye'll only wish ye hadna,
Like the cra that lost the cheese.

The Oak and the Rushes

A mighty oak stood in the wid;
A noble, ancient tree.
His girth was huge, his branches spread;
Aye, nane sae prood as he.

A tapestry o' licht an shade
His noonday shadow glimmered,
While in the burn doon at his feet
Anither oak tree shimmered.

Fin Spring touched the sleepin widland
Wi her magic wand o' green,
Birdies biggit in his branches
Hingin owre the windin stream.

Fin the bonny summer flooers
Spread their colours in the glade,
The kye took refuge fae the sun
Aneth his leafy shade.

Fin he wore his autumn colours
An the grass was white wi hoar,
The squirrels picked his acorns
To fill their winter store.

Fin the crescent moon was shinin
Throwe his branches stark an bare,
Hedgehog slept aneth the rootstocks,
Cosy in his winter lair.

For mony an 'ear he'd stood there
Giein shelter, food an shade:
A prood an noble oak tree,
The monarch o' the glade.

But ae nicht a mighty storm came
Wi a devastatin breeze.
By the time the storm was ower
It had flattened half the trees.

An the noble oak amang them
Floated doon the swollen stream;
His lang monarchy was ower,
An his growein days were deen.

He gaed by some slender rashes
Swayin in the gentle breeze,
Unaffected by the tempest
That had toppled giant trees.

He speired fit wye the rashes
Could stan up against the storm,
Fin a mighty oak like him
Had been cowpit in the burn.

He heard the rashes whisper,
"We jist bend aneth the blast.
We're nae strong enough to fecht it;
But we spring back fin it's past."

If ye canna fecht the tempest,
Best seek shelter fae its power:
Let it whustle owre your heid,
Syne come oot fin it's aa owre.

Æsop at Play

In the bonny isle o' Samos,
Shaded fae the noonday glare,
Auld Aesop played at boolies
Wi some lounies by the square.

A man came walkin doon the road.
"Ye must be feel," says he.
"Playin boolies wi some lounies.
Have ye naething else to dee?"

But auld Aesop wasna rattled.
He jist said, "Good day, my freen.
Ye look a clever kind o' chiel;
Can ye tell me fit this means?"

Syne he took an unstrung greatbow
An he laid it on the grun.
"If ye read this riddle for me,
Ye can come an jine wir fun."

The urchins stopped their playin
An came crowdin roon his feet.
The mannie scowled an mopped his broo,
An cursed the noonday heat.

He scratched his heid an thocht a file,
Then mopped his broo again.
The lounies started snicherin;
They kent he widna ken.

The man grew reed aboot the lugs.
"A'richt," says he, "I'm beat.
I canna read the riddle
O' the bow doon at my feet."

Auld Aesop smiled an picked it up:
"A bow that's nae unstrung
Will seen growe auld an brittle, freen;
This wye ye keep it young.

"It's true for bows an minds ana':
Dinna strain them ower muckle;
Wi a bittie relaxation
Ye can keep them young an supple."

Glossary Notes

Choice of words

Most Scots words have many regional variants, so it is impossible to please all of the people all of the time, as any variant will seem 'wrong' to someone.

The language of the poems is based on the vernacular of the North-east, but I have tried not to use too many local words and the fables should be accessible to most Scots without frequent reference to the glossary.

In choosing words, the flow of the verse and clarity of expression have taken preference over 'authentic' dialect, and I have not hesitated to use English words where these suited my purpose better.

For further information on the choice of variants, refer to the moral of "The Crofter, his Son and the Donkey".

Verbs

Predictable past participles are not listed, e.g. "–it" and "–in" endings. So *loup* – to leap, is listed, but not *loupit* - leaped. 'Difficult' or unpredictable past participles are listed, e.g. *gaun* – going.

"-in" endings

Where the only difference between an English word and its Scots form is the "–in" ending instead of "–ing", the word is not listed, e.g. *mornin*.

"f"

"f" replaces "wh" in North-east dialect, e.g. *file* – while, etc; but as most words also differ in other aspects from the English equivalents, they are listed individually.

"-ie" endings

The suffix "–ie" may be used for the diminutive, as in *lounie* – small boy; *hoosie* – small house etc. It is also used to make a word less formal and give it a familiar or homely sense, as in *wifie*, where the diminutive is not necessarily implied.

Glossary

A

a', aa . . . . all
abeen . . . . above
ablow . . . . below
a'body . . . . everyone
aboord . . . . aboard
aboot . . . . about
ae . . . . one
aet . . . . to eat
afa . . . . awful; very
aff . . . . off
aften . . . . often
afore . . . . before
ahin . . . . behind
aifter . . . . after
ain . . . . own
aipple . . . . an apple
amang . . . . among
an . . . . and
ana' . . . . as well
ane . . . . one
aneth . . . . beneath
anither . . . . another
antrin . . . . occasional
argie . . . . to argue
a'richt . . . . alright
aroon . . . . around
aside . . . . beside
'at . . . . that
a'thing . . . . everything
atween . . . . between
aul, auld . . . . old
ava . . . . at all
awa . . . . away
aye . . . . always
ayeways . . . . always

B

bade . . . . stayed; lived
bairn . . . . a child
baith . . . . both
barfit . . . . barefooted
barley bree . . . . whisky
barleycorn . . . . barley
beens . . . . bones
beerie . . . . to bury
bide . . . . to stay; to live (reside)
biggit . . . . built
binder . . . . a machine for cutting and
                          binding corn
bittie . . . . a small amount (of); a short
                          distance

B (second column)

bla' . . . . to blow
bocht . . . . bought
boddam . . . . bottom
bonny . . . . pleasing to the sight;
                          handsome; excellent; fine
boolies . . . . marbles
bools . . . . bowls
boord . . . . a board
brae . . . . a hill
breid . . . . bread
bricht . . . . bright
brocht . . . . brought
broo . . . . brow
burn . . . . a stream
but an ben . . . . a two-roomed cottage

C

cairrage . . . . a carriage
cairry . . . . to carry
cairt . . . . to carry (colloquial)
caller . . . . cool
cam . . . . came
canna . . . . can't
caul, cauld . . . . cold
chap . . . . to knock
chauve . . . . to struggle
cheir . . . . a chair
chiel . . . . a fellow
chuckie . . . . a pebble
claes . . . . clothes
clim . . . . to climb
cooncil . . . . council
coont . . . . to count
coontless . . . . countless
cottar hoosie . . . . . . a farm servant's cottage
couldna . . . . couldn't
cowp . . . . to overturn
cra . . . . a crow; to crow
craitur . . . . creature (sympathetic)

D

the day . . . . today
daylichts . . . . daylights
dee . . . . to do; to die
deein . . . . doing
deen . . . . done
deet . . . . died
deid . . . . dead
denner . . . . dinner
didna . . . . didn't
dinna . . . . don't
disna . . . . doesn't

doon . . . . down
doot . . . . a doubt; to doubt
drap . . . . a drop; to drop
droon . . . . to drown
dumfoonert . . . . dumbfounded; speechless

E

'ear . . . . a year
een . . . . eyes
eence . . . . once
eese . . . . use
eicht . . . . eight
etten . . . . eaten

F

fa . . . . who
fae . . . . from
fair . . . . fair; absolutely; quite; extremely
fairly . . . . certainly
fairmer . . . . a farmer
fairmyard . . . . a farmyard
faither . . . . father
far . . . . where
fash . . . . to worry
feart . . . . afraid
fecht . . . . a fight; to fight
feel . . . . a fool; foolish
feenish . . . . the finish; to finish
file . . . . a while
fin . . . . when
finivver . . . . whenever
fit . . . . what; a foot
fit like . . . . in "ye ken fit like" – you know how it is
Fit like? . . . . common form of greeting in the N.E. How are you? How are things?
Fit neist! . . . . What next!
Fit's adee? . . . . What's wrong?
fit wye . . . . why
fite . . . . white
flee . . . . to fly
fleer . . . . a floor
flooer . . . . a flower
focht . . . . fought
forgie . . . . to forgive
fortnicht . . . . a fortnight
freen . . . . friend; relative or kinsman

G

gae . . . . to go
gaed . . . . went
gaen . . . . gone
gaes . . . . goes
gaither . . . . to gather

gangrel . . . . wandering
gar . . . . to make (something happen)
gaun . . . . going
gey . . . . considerably; very; rather
gie . . . . to give
gie's a han . . . . lend a hand
gimmer . . . . a year-old ewe
gin . . . . if
ging . . . . go
glaikit . . . . silly; thoughtless
gled . . . . glad
gran' . . . . grand
greet . . . . to weep
grieve . . . . the head workman on a farm
growe . . . . to grow
grummle . . . . to grumble
grun . . . . ground
gweed . . . . good
gype . . . . a silly ass; a foolish, awkward person

H

hadna . . . . hadn't
hae . . . . to have
haen . . . . had
hairbour . . . . a harbour
hairst . . . . harvest
hale an herty . . . . . . fresh and vigorous
halfwye . . . . halfway
hame . . . . home
hamely . . . . homely
han . . . . hand
heid . . . . head
hersel . . . . herself
hert . . . . heart
hidie-hole . . . . a hiding place
hidin . . . . a thrashing
Hielan fling . . . . a solo Highland dance
himsel . . . . himself
hin legs . . . . hind legs
hing . . . . to hang
hinna . . . . haven't
hiv . . . . have
hoo . . . . how
hooivver . . . . however
hoose . . . . a house
howe . . . . a hollow

I

ill-trickit . . . . mischievous
ither . . . . other
intil . . . . into

J

jine . . . . to join
jist . . . . just

K

keek . . . . to peep
ken . . . . to know
kist . . . . a chest; box
kye . . . . cows

L

laan . . . . land
laist . . . . to last
lang . . . . long
langsome . . . . lonely; forlorn
lauch . . . . a laugh; to laugh
lauchter . . . . laughter
lees . . . . lies
licht . . . . light
lichtness . . . . lightness
linn . . . . a deep, narrow gorge
littlin . . . . a child
lookoot . . . . a lookout
loss . . . . to lose
loun . . . . a boy; youth; son
lounie . . . . a small boy
loup . . . . to leap
lugs . . . . ears
lum . . . . a chimney

M

maet . . . . food
mair . . . . more
maist . . . . most
maister . . . . master
mak . . . . to make
mak on . . . . to pretend
mappie . . . . a rabbit
mealie puddin . . . . . a pudding made with oatmeal
and fat
meenit . . . . a minute
micht . . . . might
mind; mine . . . . to remember
mishanter . . . . a misfortune; disaster
mither . . . . mother
mony . . . . many
moose . . . . a mouse
the morn . . . . tomorrow
the morn's mornin . . tomorrow morning
mou . . . . mouth
muck . . . . farmyard manure
muckle . . . . great; large; much
mysel . . . . myself

N

na . . . . no
nae . . . . not; no
naebody . . . . no-one
naething . . . . nothing
naewye . . . . nowhere

nane . . . . none
narra . . . . narrow
neb . . . . a beak
neep . . . . a turnip; jocularly a dimwit
nicht . . . . night
noo . . . . now
nooadays . . . . nowadays
N.S.P.C.C. . . . . National Society for
Prevention of Cruelty to
Children

O

o' . . . . of
ocht . . . . ought
ony . . . . any
onywye . . . . anyway
oor . . . . our; an hour
oorsels . . . . ourselves
oot . . . . out
ootside . . . . outside
ower, owre . . . . over; too

P

pairty . . . . a party
pailin . . . . a fence
park . . . . a field
pech . . . . to pant
peer . . . . poor
pey . . . . to pay
pit . . . . to put
pooer . . . . power
poor . . . . to pour
prood . . . . proud
proodness . . . . pride
puckle . . . . several
puddock . . . . a frog
puggled . . . . exhausted
puss . . . . a cat; an informal name for a
hare

Q

quaet . . . . quiet

R

rashes . . . . rushes
reed . . . . red
reef . . . . roof
richt . . . . right
riggin . . . . a roof ridge; the roof itself
rin . . . . to run
rodden . . . . a rowan tree
roon . . . . round
R.S.P.C.A. . . . . Royal Society for the
Prevention of Cruelty to
Animals
rummle . . . . to rumble

S

sae	so
sair	sore; sorely; hard; laboriously
sark	a shirt
sax	six
scunner	a nuisance; to become fed up or disgusted
scunnert	fed up; disgusted
seekin	wanting
seen	soon
sel	self
selt	sold
shaal	a shawl
shak	to shake
shakkin briggie	a small, precarious footbridge, common in the Highlands
shalla	shallow
shot	to shoot
shouldna	shouldn't
sic	such
sicht	a sight
siller	money
sleekit	sly; cunning
sma	small
sna	snow
snicher	to snigger; laugh
soor	sour
soun	sound
speir	to enquire
spik	to speak
spile	to spoil
stan	to stand
stappit	packed
steen	a stone
steer	to stir
strappin	sturdy, well-built
streetch	to stretch
stummle	to stumble
syne	then

T

ta'en	taken
tak	to take
tee	too
teem	empty
teer	to tear
telt	told
thae	those
the day	today
the morn	tomorrow
the morn's mornin	tomorrow morning
thegither	together

themsels	themselves
thocht	thought
thole	to endure; put up with
thoosan	thousand
threidbare	threadbare
throwe	through
ticht	tight
tichter	tighter
till	to
tinkie	an itinerant pedlar
toun	a town
traiveller	a traveller
trauchled	exhausted with overwork etc
tummle	to tumble
twa	two
twathree	two or three
twinty	twenty

U

unco	extremely; very

V

verra	very

W

wa	a wall
warsle	to wrestle
wasna	wasn't
watter	water
wauken	to wake
weel	well
weet	wet
weicht	weight
whit	what (emphatic)
whustle	to whistle
wi	with
wid	would; a wood
widland	woodland
widna	wouldn't
win	wind
winna	won't
winner	to wonder
wir	our
wither	weather
withoot	without
wrang	wrong
wye	way
wyte	to wait

Y

ye	you
yon	that
yoursel	yourself
yowe	a ewe

About the Author

Robert Stephen has written four books. *The Fables of Aesop in Scots Verse* was his first and became a much-loved addition to many people's collections. The many fans of The Fables of Aesop will be delighted at this long-awaited reprint.

Raised in Peterhead of fisher-folk, Robert became a fisherman, then graduated M.A. and M.B.Ch.B. at Aberdeen University. Because of his love of the sea, Robert found his niche and became an offshore doctor, spending half his life on the oil rigs of the North Sea.

His love of the sea and all things natural is evident in his poems and his life. He has become a fervent supporter of Scottish wildlife, creating pools, planting trees and conserving habitats for birds, mammals and native plants at his croft in Buchan where he lives with his wife, Elizabeth, and their dogs, cats and horses.

Also by Robert Stephen

By the Shores O' Galilee

ISBN 0-9512459-1-0 (out of print – reprint due 2005)

"... Nothing much has changed in human nature in two thousand years, and folk are still folk, in all their diversity and unexpectedness. You can read that here in every story. There is a tang of fisher-folk in this book. And wasn't St Peter a fisherman, not to mention our own patron saint, St Andrew? We see the life of the Christ-figure against a background of real folk gaun aboot their business much as they still would do today in Peterhead.

In a series of charming, simple verses Robert Stephen tells the story of Christ, the God made man. In this, he is ably served by his illustrator, Rob Ward, who has caught neatly and graphically the unique atmosphere of Galilee come to Buchan in 1989!"

From the foreword by **John Cairney**

"... a linguistic tour de force of wrenching beauty, ageless stories from the gospels told in the couthy, broad-vowelled tongue of the fairmers and the fisher fowk."

Inverness Courier

In the Beginning...

ISBN 0-9512459-2-9 (in print)

"In an age when so many of our youngsters are brought up on a diet of television soap operas and the soulless mechanical language of the computer age, I believe it is essential that we entice them to pay some attention to the old Scots dialect. I can think of few more effective enticements than this truly enchanting work, *In the Beginning...*. Not, of course, that it is a children's book – it has an enduring appeal to all ages because of its foundation on the more familiar passages of the Old Testament.

... I believe that the contribution of Robert Stephen's translation and interpretation of the biblical passages, and Robert Ward's powerful and attractive illustrations will give delight to many. I especially enjoyed the flashes of Scots humour in the story of Noah's Ark and in the description of the boy David preparing to fight Goliath:

> *Syne David tried the armour on*
> *And clanked aroon a while.*
> *"I canna fecht like this", he said:*
> *"The weicht will cramp my style."*

Nothing has cramped this successful style and I commend the book warmly."

From the foreword by **Sir David Steel**

Troll Tales

ISBN 0-9512459-3-7 (in print)

For the young and the young in heart

"… The world of trolls as seen by Rolf Lidberg and Robert Stephen is a much gentler, friendlier place. Your average troll , with his red nose and abundant beard, could be anybody's favourite eccentric uncle.

The raggedy troll children – the trollings – are as appealing and engaging a bunch of scamps as you could wish to find. Their little adventures in these pages have all the naïve charm of a long-lost world of natural innocence.

The illustrations are truly delightful, the ideas are alluring and some of the invented words are a joy – trollshop, trollcake and the irresistible trollipops.

More kind of heart than fair of face indeed. These Troll Tales are both droll tales and tall tales at the same time. They will bring pleasure to very, very many."

From the foreword by **Magnus Magnusson K.B.E.**